La Coupe du monde 2022, construite sur 6500 crânes et de la haine ?

Comment le Qatar a soudoyé le monde du football, utilise l'esclavage moderne et promeut l'inégalité

Edition 3.0

PRESSE REBELLE MÉDIAS

Avis de non-responsabilité

La FIFA dément les accusations

Gianni Infantino dément remarquablement qu'au moins 6 500 personnes aient été tuées lors de la construction des stades de la Coupe du monde au Qatar, comme l'ont rapporté diverses autorités au Guardian. Selon le président de la FIFA, le nombre réel de morts n'est que de trois. "Et c'est toujours trois de trop", a déclaré Infantino au Conseil de l'Europe à Strasbourg, qui avait invité le président de la FIFA.

Le Guardian a calculé en février 2021 qu'au moins 6 500 personnes ont été tuées au Qatar pendant les travaux pour la prochaine Coupe du monde. Il s'agissait de travailleurs migrants qui, par exemple, construisaient les stades, ou les aéroports qui étaient censés être là pour le tournoi. Le nombre total de décès a été signalé par l'Inde, le Pakistan, le Népal, le Bangladesh et le Sri Lanka, les cinq pays asiatiques d'où proviennent de nombreux travailleurs migrants. Il est probable que le nombre total de décès soit beaucoup plus élevé, car de nombreux travailleurs viennent également des Philippines et du Kenya, par exemple. Ces pays n'ont pas divulgué de chiffres.

Il s'agit donc des taux de mortalité rapportés par les pays d'où proviennent les travailleurs migrants. Infantino, lui, semble blâmer "les médias". "Je dois corriger certaines choses", a déclaré le Suisse à Strasbourg. "Je peux encore l'accepter de la part de certains médias, mais j'entends aussi ici aujourd'hui que

6 500 personnes sont mortes au Qatar. Ce n'est tout simplement pas vrai. Les vrais chiffres sont : trois personnes sont mortes. Et c'est toujours trois de trop". Infantino ne fournit aucune preuve de cette affirmation.

Infantino conteste également que les travailleurs du Qatar doivent travailler dans des conditions déplorables, comme l'ont largement rapporté divers médias internationaux. "Avec le travail, nous donnons de la dignité aux gens", a déclaré le patron de la FIFA. "Les conditions de travail sont les mêmes qu'en Europe". Infantino a également fait sensation un jour plus tôt avec des déclarations sur les réfugiés africains.

Lors de la réunion de Strasbourg, Infantino a défendu son projet d'organiser une Coupe du monde bisannuelle. Ce faisant, le patron de la FIFA a insinué que son idée pourrait faire en sorte que moins de migrants africains meurent en traversant l'Europe. Infantino a déclaré que "le football peut contribuer à améliorer la vie des gens dans le monde entier". "Nous devons donner de l'espoir aux gens avec ce genre de projet pour qu'ils n'aient plus envie de fuir", a-t-il ajouté. Infantino a rectifié ces citations quelques instants plus tard, en disant qu'il parlait de manière générale des projets qui peuvent contribuer au développement du continent africain.

Table des matières

L'histoire des accusations de la FIFA

Quatorze personnes, dont neuf sont liées à l'instance dirigeante du football mondial, la FIFA, ont été inculpées en mai 2015 par le Federal Bureau of Investigation (FBI) des États-Unis pour des soupçons de corruption, d'extorsion et de blanchiment d'argent sur une période de plusieurs années. Sept fonctionnaires de la FIFA ont été arrêtés le 27 mai à l'hôtel Baur au Lac, à Zurich. Ils devraient être extradés vers les États-Unis car ils sont soupçonnés d'avoir reçu 150 millions de dollars en pots-de-vin.

Les arrestations ont eu lieu autour du 65e congrès de la FIFA, au cours duquel un nouveau président de l'organisation de football devait être élu. Plusieurs associations de football, en particulier celles d'Europe, ont exigé le départ du président en exercice, Sepp Blatter. Cependant, Blatter ne s'est pas retiré, battant son candidat adverse, le Prince Ali, lors de l'élection présidentielle avec 133 voix sur 209. Quelques jours plus tard, il annonce encore son départ, affirmant qu'il n'a pas le soutien de l'ensemble du monde du football.

Les arrestations portent principalement sur des soupçons de corruption, de fraude et de blanchiment d'argent dans l'attribution des droits médias et marketing pour les matches de la FIFA dans les Amériques et pour le Centenaire de la Copa América 2016 aux États-Unis. Les allégations font également référence à des pots-de-vin dans le sponsoring de vêtements de football, dans le processus de sélection du pays hôte de la Coupe du monde 2010 et dans l'élection présidentielle de la FIFA de 2011.

Chuck Blazer, un ancien fonctionnaire de la CONCACAF, a aidé le FBI dans son enquête après avoir plaidé coupable en secret lors d'un procès en 2013.

Le 21 décembre, la commission d'éthique de la FIFA a suspendu Sepp Blatter et Michel Platini pour huit ans pour avoir violé le code d'éthique. Blatter sera également condamné à une amende de 50 000 francs suisses et Platini devra payer 80 000 francs suisses. Les deux hommes sont exclus de toute activité liée au football au niveau national et international.

En mai 2016, il a été révélé que Sepp Blatter et deux autres anciens dirigeants de la FIFA se sont enrichis de 72 millions d'euros. Il s'agit de Jérôme Valcke, ancien secrétaire général de la FIFA, et de Markus Kattner, qui était directeur financier de la fédération mondiale de football. Les trois anciens hauts dirigeants de la FIFA se seraient octroyés et se seraient mutuellement octroyés de fortes augmentations de salaire annuelles, auraient attribué des primes pour la Coupe du monde et se seraient partagé d'autres primes. Selon la FIFA, il existait un modus operandi coordonné entre le trio, qui avait déjà été contraint de démissionner en raison du scandale de pots-de-vin et de corruption au sein de la fédération mondiale de football. Toutes ces majorations financières ne correspondaient pas aux chiffres figurant dans les registres officiels.

La FIFA a remis les résultats de l'enquête interne au bureau du procureur général en Suisse. La fédération mondiale de football va également informer le département de la justice des États-Unis. Les deux organismes enquêtent sur des malversations à la FIFA.

Mi-2019, Jack Warner, ancien vice-président de la FIFA, a été condamné par un juge new-yorkais à une lourde amende de 79 millions de dollars américains. L'affaire avait été portée par la CONCACAF, la fédération de football d'Amérique du Nord, d'Amérique centrale et des Caraïbes, où Warner était en charge jusqu'à sa suspension en 2011. Warner a été accusé de détournement de fonds et de corruption et a été suspendu à vie par la fédération mondiale de football. M. Warner est toujours en liberté sous caution à Trinité-et-Tobago, mais les États-Unis ont déposé une demande d'extradition à son encontre.

Un passé de scandales ?

L'arrestation de six fonctionnaires de la FIFA a marqué un énorme scandale pour la fédération mondiale de football. Ces dernières années, l'association a roulé d'un incident à l'autre.

Le scandale ISL : Entre 1992 et 2000, la société ISL a versé des pots-de-vin à des responsables de la FIFA, dont Joao Havelange, alors président du Brésil. La société de marketing achetait les droits de diffusion d'événements importants pour des millions et les revendait. De hauts responsables de la FIFA ont empoché des "sommes d'argent substantielles", a révélé une enquête de 2013. L'actuel président Sepp Blatter s'en est tiré à bon compte, même si les enquêteurs se sont demandé à haute voix s'il ne devait pas être au courant de la corruption.

Élection 1998 : L'élection présidentielle qui a lieu peu avant la Coupe du monde de football en France n'est pas sans suspicion. Blatter bat le Suédois Lennart Johansson et devient président. Avant l'élection, le bruit court que des délégués africains ont été soudoyés dans un hôtel de Paris. Blatter a toujours rejeté cette accusation.

Les Coupes du Monde 2018 et 2022 : Des pots-de-vin auraient été versés à la FIFA par la Russie et le Qatar, organisateurs des Coupes du monde 2018 et 2022, pour obtenir ces tournois. En 2010, les deux pays ont effectivement obtenu l'organisation. La FIFA a ensuite enquêté sur les nombreuses allégations de pots-de-vin, mais a conclu l'année dernière qu'il n'y avait pas de violation flagrante des règles. Ce résultat est également remis en question.

Élection 2011 : Blatter a trouvé un challenger sérieux à la présidence de la FIFA en 2011 en la personne de Mohammed bin Hammam du Qatar. Bin Hammam s'est toutefois retiré de l'élection, car il a été accusé de corruption. Il aurait soudoyé des fonctionnaires des Caraïbes dans sa chasse à la présidence. Dans le même temps, il existe des allégations selon lesquelles Bin Hammam aurait transféré de l'argent à des fonctionnaires pour l'organisation de la Coupe du monde au Qatar. La fédération du Qatar le nie.

Billets de la Coupe du monde : Selon certaines allégations, des officiels de la FIFA se sont rendus à plusieurs reprises sur le marché noir avec des billets pour la Coupe du monde. Le principal suspect est Jack Warner, de Trinité-et-Tobago, qui a été cité dans de nombreux scandales liés à la FIFA. Il aurait revendu des billets en 2002 et 2006 et en aurait tiré de gros profits. Ismail Bhamjee, du Botswana, aurait également revendu des billets en 2006. En 2014, le fils du haut fonctionnaire argentin de la FIFA, Julio Grondona, aurait revendu des billets.

1973 - João Havelange au pouvoir

João Havelange a brandi le sceptre en tant que président de la FIFA de 1973 à 1998. Le Brésilien, aujourd'hui âgé de 99 ans, plus ou moins mentor de Blatter, ne serait pas arrivé au pouvoir de manière très propre.

Le journaliste d'investigation allemand Thomas Kistner écrit dans son livre FIFA Mafia que Havelange a soudoyé des membres africains du conseil d'administration pour écarter le Britannique Stanley Rous du trône en tant que grand patron de la FIFA. Horst Dassler, le fils du fondateur d'Adidas, aurait joué un rôle dans cette affaire. Dassler est connu comme le fondateur du commerce dans le sport. La "coopération étroite" entre la FIFA et la société de marketing ISL peut également être attribuée à Havelange et Dassler.

Andrew Jennings, expert de la FIFA, a également déjà accusé Havelange de corruption. Le Brésilien aurait accepté de gigantesques pots-de-vin pour des contrats de marketing et de télévision.

1986 - L'ISL soudoie des hauts fonctionnaires de la FIFA pour obtenir des droits de diffusion.
En effet, Dassler a lui-même fondé la société de marketing ISL. L'organisation suisse a versé des dizaines de millions d'euros de pots-de-vin à de hauts responsables de la FIFA pour acheter les droits de diffusion des Coupes du monde, par exemple.

En conséquence, l'ancien président Havelange a été autorisé à créditer plus d'un million d'euros de pots-de-vin sur son compte bancaire. Tout cela a été révélé lors d'un procès, à la suite duquel Havelange a remis sa présidence honoraire de la FIFA en 2013. Blatter était encore secrétaire général à l'époque et a nié toute implication.

D'ailleurs, ISL n'existe plus. L'entreprise a fait faillite en 2001 en raison de dettes faramineuses.

1992 - Le Maroc tente de corrompre la Coupe du monde de 1998.
La France s'est vu attribuer la Coupe du monde 1998, mais son rival, le Maroc, aurait tenté de la corrompre. C'est ce qui ressort d'une déclaration de Chuck Blazer, ancien membre du conseil d'administration, au FBI. On ne sait pas si la France a également versé de l'argent pour obtenir le tournoi.

1998 - "Blatter élu grâce à des pots-de-vin".
En 1998, Blatter a succédé à son mentor Havelange à la présidence de la FIFA. Il a battu le président suédois de l'UEFA, Lennart Johansson, mais cette bataille électorale n'a pas été entièrement sans heurts. Des pots-de-vin auraient été distribués à des dirigeants africains pour qu'ils votent pour Blatter.

Un Africain aurait même laissé son enveloppe d'argent à l'hôtel par erreur. Blatter a rejeté toutes les accusations.

L'ambassadeur de la Coupe du monde est homophobe ?

L'ancien footballeur qatari Khalid Salman, ambassadeur de la Coupe du monde qui débute le 20 novembre dans son pays, a tenu des propos peu amènes sur la communauté LGBTQ+ et les femmes dans un documentaire allemand. Il a qualifié l'homosexualité de "dommage mental".
En outre, les LGBTQ+ peuvent venir assister à la Coupe du monde dans son pays, mais doivent "accepter les règles qataries", a prévenu Salman. Les femmes feraient mieux de rester chez elles, selon lui.

L'ambassadeur du Qatar pour la Coupe du monde a fait ces déclarations dans un documentaire de la chaîne allemande ZDF.

Ce documentaire sera diffusé mardi soir.

"Pendant la Coupe du monde, de nombreuses personnes entrent dans le pays. Par exemple, les gays", a déclaré Salman. "Le plus important est que tout le monde accepte qu'ils viennent ici. Mais ils devront accepter nos règles."

Salman a un problème particulier avec le fait que les enfants voient des personnes homosexuelles, car ils apprendraient quelque chose qui, selon lui, n'est pas correct. Selon lui, l'homosexualité est haram et donc interdite. "C'est une maladie mentale", a-t-il déclaré.

12

L'interview a été rapidement terminée après cette déclaration du porte-parole du comité d'organisation.

Les groupes d'intérêt de la communauté LGBTQ+ veulent un avertissement aux voyageurs
Le gouvernement allemand doit émettre un avertissement aux voyageurs, a déclaré mardi le LSVD. La LSVD est le plus grand groupe d'intérêt de la communauté LGBTQ+ en Allemagne et est comparable au COC néerlandais.

Alfonso Pantisano, membre du conseil d'administration de la LSVD, a qualifié les déclarations de Salman d'"inquiétantes, mais sans surprise". "Elles continuent de révéler l'attitude homophobe du régime du Qatar. Nous attendons du ministère allemand des Affaires étrangères qu'il émette un avertissement de voyage clair pour toutes les personnes appartenant à la communauté LGBTQ+."

Le COC Pays-Bas a également réagi à la décision. "C'est bien sûr terrible". L'organisation souligne qu'il faut bien plus que l'avertissement de voyage déjà émis par les Pays-Bas. "Notre gouvernement, les autres pays, la FIFA, le KNVB et toutes les personnes concernées doivent de toute urgence demander au Qatar d'améliorer les droits humains des personnes LGBTQ+."

Le COC ne se préoccupe pas seulement de la possibilité pour les personnes LGBTQ+ de voyager en toute sécurité au Qatar, mais aussi de la situation de la communauté LGBTQ+ dans le pays lui-même. "Il en va de même pour le traitement des droits humains des femmes, des travailleurs migrants et d'autres personnes dans l'État du Golfe."

Arrestations au Qatar

Les autorités du Service de sécurité préventive du Qatar ont arrêté arbitrairement des personnes lesbiennes, gays, bisexuelles et transgenres, a conclu Human Rights Watch lundi dans une enquête. Les victimes ont été maltraitées et abusées sexuellement en prison.

Human Rights Watch (HRW) a documenté six cas d'agression aggravée et cinq cas d'agression sexuelle envers des LGBTQ en garde à vue entre 2019 et 2022.

Les victimes auraient été arrêtées dans des lieux publics et leurs téléphones auraient été fouillés. L'homosexualité est illégale au Qatar.

HRW a interrogé six victimes, dont certaines disent avoir été abusées aussi récemment qu'en septembre 2022.

Rasha Younes a participé aux entretiens en tant que chercheuse sur les droits des LGBTQ à Human Rights Watch. "Alors que le Qatar se prépare à accueillir la Coupe du monde, les forces de sécurité détiennent et maltraitent les LGBTQ pour ce qu'ils sont", a-t-elle déclaré. "Ils le font apparemment dans la confiance que les abus des forces de sécurité ne seront pas signalés et ne seront pas contrôlés."

La libération des femmes transgenres exigeait qu'elles suivent une thérapie de conversion dans un centre de "santé comportementale" parrainé par le gouvernement.

Les victimes se sont vu refuser l'aide juridique
Toutes les personnes interrogées ont déclaré avoir été détenues dans une prison souterraine de la capitale Doha. Les prisonniers y subissaient des violences mentales, verbales et physiques. Les victimes se sont vu refuser l'accès à une aide juridique, à leur famille et aux soins médicaux. Les six victimes interrogées ont déclaré que la police les avait obligées à promettre de "cesser toute activité immorale".

L'une des victimes a été détenue dans une cellule d'isolement pendant deux mois sans avoir accès à une assistance juridique. Aucune des six arrestations n'a été enregistrée, laissant les proches dans l'ignorance de ce qui était arrivé aux victimes.

La Coupe du monde controversée organisée au Qatar fait l'objet de critiques depuis longtemps, car le pays est sous le feu des critiques pour des violations des droits de l'homme depuis des années. Selon The Guardian, des milliers de travailleurs ont été tués lors de la construction des stades. Il y a une semaine, le Qatar a été désigné pour accueillir la Coupe d'Asie 2023.

Le Qatar oblige les travailleurs migrants à se déplacer ?

Le Qatar a évacué les immeubles d'habitation de la capitale Doha en prévision de la Coupe du monde. Les milliers de travailleurs étrangers qui y vivent sont contraints de quitter leurs appartements à l'improviste. Certains doivent maintenant dormir sur des matelas dans les rues. L'État du Golfe veut loger les supporters de football dans les immeubles.
Selon l'agence de presse Reuters, plus d'une douzaine de grands immeubles d'habitation sont concernés.

Les autorités n'avaient pas annoncé l'expulsion à l'avance. Les habitants d'un immeuble du quartier d'Al Mansoura, qui abritait, selon les résidents, 1 200 personnes, ont été informés vers 20 heures (heure locale) mercredi qu'ils devaient partir dans les deux heures.

Vers 22 h 30, ils ont été littéralement chassés de chez eux et les portes du bâtiment ont été fermées. Certains des hommes, qui n'étaient pas encore au courant de l'action, ne sont même pas rentrés à temps pour récupérer leurs affaires. "Nous n'avons nulle part où aller", a déclaré un homme à Reuters le lendemain.

Les travailleurs migrants doivent faire place aux supporters de football
Des travailleurs migrants qui gagnaient leur vie dans l'État du Golfe depuis un certain temps en ont

17

également été victimes. Mohammed, un chauffeur originaire du Bangladesh, a déclaré qu'il vivait dans le même quartier depuis 14 ans lorsque la municipalité lui a dit mercredi qu'il avait 48 heures pour quitter les lieux. Il a partagé ce délai avec 38 autres personnes.

Selon lui, les travailleurs qui ont construit les infrastructures pour le Qatar sont mis de côté à l'approche du tournoi. "Qui a construit les stades ? Qui a construit les routes ? Qui a tout fait ? Les Bengalis, les Pakistanais. Maintenant, ils nous font tous partir."

Le Qatar hôte est controversé pour plusieurs raisons Le tournoi, qui débute le 20 novembre, est très controversé en raison des conditions dans lesquelles les travailleurs, principalement asiatiques et africains, ont dû travailler pour construire les stades et les infrastructures nécessaires. Ces conditions auraient été si mauvaises que de nombreuses personnes ont été blessées ou tuées.

Non seulement la construction des stades est controversée. Les droits de l'homme dans le pays font également l'objet de nombreuses critiques. Par exemple, l'homosexualité est interdite, les LGBTQ semblent être arrêtés sans pardon et dans de nombreux hôtels, vous ne pouvez louer une chambre avec un partenaire que si vous êtes marié. Le Qatar aurait également soudoyé le personnel de la FIFA pour être autorisé à accueillir la Coupe du monde.

Un porte-parole du gouvernement du Qatar a déclaré samedi que les expulsions n'avaient rien à voir avec la Coupe du monde. L'approche du gouvernement s'inscrit dans le cadre de plans à long terme visant à réorganiser certaines parties de Doha. Selon le porte-parole, tout le monde a depuis reçu un nouveau logement et les demandes de départ "ont été exécutées avec un préavis approprié".

Amnesty International est en colère !

Amnesty International a réagi vendredi avec fureur à la remarquable lettre de la FIFA signée par le président Gianni Infantino. Dans cette lettre, la fédération mondiale de football appelle toutes les nations participant à la Coupe du monde à "se concentrer entièrement sur le football".

"Si Infantino veut que le monde se concentre sur le football, il existe une solution simple : La FIFA pourrait commencer à s'attaquer aux graves violations des droits de l'homme au lieu de les dissimuler sous le tapis", a écrit l'organisation de défense des droits de l'homme dans une déclaration.

Cette déclaration est une réponse à la lettre de la FIFA. Dans cette lettre, la fédération mondiale de football demande aux pays participant à la Coupe du monde de ne pas s'engager dans "les batailles idéologiques et politiques qui existent dans le monde."

À l'approche du début du tournoi, un nombre croissant de pays ont exprimé des critiques à l'égard du Qatar au cours des dernières semaines. L'émirat est principalement critiqué pour son mauvais traitement des travailleurs invités et sa violation des droits de l'homme. Par exemple, l'homosexualité est punissable dans l'émirat.

"Une première étape consisterait pour la FIFA à plaider publiquement en faveur de la création d'un fonds de compensation pour les travailleurs migrants et à veiller à ce que les lhbtis ne soient pas victimes de discrimination ou de harcèlement", poursuit Amnesty dans son message.

Amnesty estime que la FIFA devrait plutôt prendre des mesures
Selon Amnesty, la FIFA devrait, au contraire, prendre des mesures. Selon l'organisation de défense des droits de l'homme, l'association devrait s'engager en faveur du fonds de compensation, auquel le Qatar a récemment renoncé. Le ministre de l'émirat a précédemment rejeté les appels en faveur d'un tel fonds, les qualifiant de "coup de publicité" de la part d'autres pays.

"Des centaines de milliers de travailleurs ont été utilisés pour rendre ce tournoi possible et leurs droits ne peuvent être oubliés ou ignorés. C'est ahurissant. Ils méritent justice et compensation, pas des promesses vides, et l'heure tourne", peut-on lire dans la déclaration.

"Nous voulons que ces questions soient traitées avant le début de la Coupe du monde", rapporte l'organisation, qui travaille avec d'autres pays européens sur cette question. "Nous voulons une réponse convaincante, que la FIFA nous a déjà promise à plusieurs reprises."

Ultimatum pour la FIFA

Le groupe de travail européen en pourparlers avec la FIFA sur les droits de l'homme a posé un ultimatum à la fédération mondiale de football et souhaite que celle-ci fasse une déclaration avant la fin du mois d'octobre sur un fonds de compensation pour les travailleurs migrants qui ont souffert pendant la construction des stades de la Coupe du monde au Qatar.

La FIFA avait précédemment promis de faire la lumière avant l'été, mais à l'approche de la Coupe du monde, l'association reste en retrait sur la question.

Mercredi dernier, le groupe de travail et la fédération mondiale de football se sont assis autour de la table. Mais cela n'a pas encore eu l'effet escompté et il est maintenant demandé de présenter rapidement une déclaration.

Quelles seront les conséquences si la FIFA tarde à nouveau, Gijs de Jong, secrétaire général de la KNVB, ne le dit pas encore. Il fait partie du groupe de travail européen sur les droits de l'homme, qui comprend les associations de football allemande, anglaise et scandinave.

"Nous allons au moins dans cette direction, mais nous examinerons ce que nous ferons si cette question n'est pas réglée", a déclaré De Jong. Qui pense que la FIFA "n'appréciera pas beaucoup l'ultimatum", mais reste confiant que la clarté viendra bientôt. "Cela fait maintenant un an et demi que nous travaillons sur ce dossier. Nous sommes maintenant à cinq semaines de la Coupe du monde. Il est temps de faire la clarté maintenant".

Le mois dernier, la KNVB, par l'intermédiaire d'un groupe de travail de l'UEFA, a intensifié la pression sur la FIFA pour qu'elle parvienne à créer un fonds de compensation pour les migrants. Depuis mai, Amnesty International, Human Rights Watch et les syndicats demandent à la FIFA d'indemniser les travailleurs par le biais d'un fonds pour les dommages subis. Ils demandent 440 millions de dollars. Un certain nombre de grands sponsors de la Coupe du monde se sont également joints à eux.

La FIFA parle toujours de trois morts
La FIFA a répondu dans une lettre envoyée au groupe de travail de l'UEFA le 28 septembre, qui est entre les mains du NIS. Dans cette lettre, la FIFA écrit qu'elle reconnaît l'importance de l'indemnisation des travailleurs migrants au Qatar et que les proches ont été indemnisés pour les trois travailleurs tués lors de la construction des stades de la Coupe du monde.

Des journalistes d'investigation et des organisations de défense des droits de l'homme estiment que des milliers de personnes ont été tuées dans des travaux de construction depuis l'attribution de la Coupe du monde au Qatar. Ruud Bosgraaf, d'Amnesty International, a réagi en début de semaine à la déclaration de la FIFA selon laquelle trois victimes seraient concernées. "Il s'agit de plusieurs dizaines de milliers de travailleurs qui sont morts, ont été blessés ou n'ont jamais reçu l'intégralité de leurs salaires."

En plus d'un fonds de compensation, la KNVB souhaite également que des centres pour migrants soient établis au Qatar. Ces centres devraient se concentrer sur les droits des travailleurs migrants, même après la Coupe du monde. Les pourparlers à ce sujet sont également en cours. "Mais nous voulons des engagements", déclare De Jong. Le fait que ces engagements n'existent pas encore alors que la Coupe du monde commence dans cinq semaines n'est pas surprenant, déclare M. De Jong, "mais nous voulons que la FIFA s'exprime clairement".

L'histoire se répète ?

Harcèlement et travail dans des conditions climatiques extrêmes : exploitation dans la construction des stades de la Coupe du monde russe

Les travailleurs qui travaillent en Russie pour construire les stades qui accueilleront la Coupe du monde dans un an exactement sont exploités et intimidés.

Dans un rapport publié aujourd'hui, Human Rights Watch décrit comment des travailleurs originaires de régions pauvres de Russie ou de pays comme le Tadjikistan, l'Ouzbékistan et le Kirghizistan, par exemple, se voient régulièrement refuser des contrats officiels et ne sont parfois pas payés pendant des mois. De plus, les travailleurs travaillent pendant des heures sans vêtements appropriés dans des conditions extrêmes, avec des températures pouvant atteindre 25 degrés en dessous de zéro.

Lorsqu'ils se plaignent de ces conditions de travail, les travailleurs sont menacés ou renvoyés chez eux. Et lorsque des observateurs de la fédération mondiale de football (Fifa) inspectent le site de construction, les travailleurs sont contraints de rester chez eux. L'organisation de défense des droits de l'homme a mené des recherches dans six des douze villes concernées. HRW s'est entretenu avec 42 travailleurs à Moscou, Saint-Pétersbourg, Kaliningrad, Rostov, Yekaterinburg et Sochi.

Harcèlement, licenciement, détention
Le rapport fait écho aux conclusions d'organisations de
défense des droits de l'homme datant de juste avant les
Jeux olympiques de 2014 à Sotchi. Là aussi, des
travailleurs avaient été intimidés, licenciés lorsqu'ils
demandaient des précisions et placés en détention
forcée.

HRW a dénoncé la position de la Fifa. La fédération de
football savait donc ce qui pouvait se passer, déclare
Minky Worden, directrice de HRW. "Ils savaient
comment les choses se passent en Russie et ont
l'obligation de faire attention à cela. Cela n'a pas été
fait".

Elle décrit Saint-Pétersbourg, où se jouera samedi le
match d'ouverture de la Coupe des confédérations, le
traditionnel tournoi de préparation un an avant la
Coupe du monde. Des recherches menées par le
magazine norvégien Josimar ont révélé que les Nord-
Coréens, entre autres, étaient utilisés "comme esclaves"
dans la construction. Des Nord-Coréens ont également
été utilisés dans les travaux de construction du stade
Mokouse Luzhniki à Moscou, comme l'a montré un
reportage de la chaîne de télévision allemande ARD le
mois dernier.

Les autorités russes démentent fermement les
allégations de violations des droits de l'homme. Les
droits de l'homme "sont utilisés comme une arme dans

une lutte politique", a récemment déclaré la porte-parole du ministère des affaires étrangères, Maria Zakharova.

Un système amélioré
Depuis un an, la Fifa dispose de ce qu'elle dit être un système amélioré de surveillance des violations des droits de l'homme. Un rapport d'étape a été publié jeudi. En 2016 et 2017, 59 visites ont été effectuées dans des stades en Russie. Une visite de deux jours est effectuée dans chaque stade chaque trimestre, a précisé la Fifa.

La ligue n'écrit rien sur les résultats de ces visites, sauf sur la situation à Saint-Pétersbourg. La Fifa n'a pas pu nier récemment que les travailleurs nord-coréens travaillaient effectivement dans des conditions déplorables. Lors d'une inspection en mars, ils n'étaient plus présents, a déclaré le syndicat dans un communiqué.

Selon le syndicat BWI, qui travaille avec la Fifa, au moins 17 personnes ont été tuées dans la construction de stades entre l'année dernière et aujourd'hui. C'est moins qu'au Qatar, qui accueillera la Coupe du monde en 2022 et a été largement critiqué pour le sort des travailleurs, mais plus que lors des précédentes Coupes du monde.

27

Pas moins de 17 ouvriers meurent pendant la construction des stades de la Coupe du monde en Russie

La Russie est désastreuse lorsqu'il s'agit d'accueillir un grand événement sportif. Lors de la construction des stades de la Coupe du monde, après les 70 morts de Sotchi, 17 ouvriers sont morts cette fois-ci.

C'est ce qui ressort d'un rapport de Human Rights Watch diffusé mercredi. À un an du début de la Coupe du monde, les droits de l'homme en Russie sont déjà dans le collimateur. Par exemple, Human Rights Watch publie un rapport cinglant sur la construction de six stades de la Coupe du monde, dans lequel les ouvriers qui y travaillent doivent attendre leur salaire pendant des mois, voire parfois ne sont pas payés du tout.

Certains ouvriers ont même dû continuer à travailler par des températures allant jusqu'à -25 degrés Celsius, sans grande protection. "Cela devrait être un signal d'alarme", a déclaré au New York Times Ambet Yuson, grand patron d'une organisation d'ouvriers du bâtiment.

"Ils ont déjà l'expérience de Sotchi et ils doivent en tirer des leçons. Si vous regardez Sotchi, vous pouvez voir que la plupart des accidents se sont produits à la fin de la construction. Ils devraient être mieux informés maintenant."

La mafia de la FIFA

"La promesse de la FIFA de donner de l'importance aux droits de l'homme est mise à l'épreuve en Russie. Et la FIFA ne tient pas sa promesse", a déclaré Jane Buchanan, directrice de Human Rights Watch pour l'Europe et l'Asie centrale.

L'organisation mondiale du football a déclaré que ces allégations n'étaient pas fondées. La FIFA affirme qu'elle fait "plus d'efforts que toute autre organisation sportive" pour protéger les droits de l'homme et les droits des travailleurs.

Les scandales de l'Afrique du Sud et du Brésil ?

Le journaliste sud-africain Craig Tanner dresse un tableau déconcertant des conséquences de la Coupe du monde en Afrique du Sud et au Brésil.

Selon la FIFA, c'est une grande fête pour tout le monde. Mais avec les récents scandales de corruption et les arrestations de responsables de la FIFA, un monde sinistre de conflits d'intérêts et d'enrichissement personnel apparaît. Derrière les scandales de corruption successifs de la FIFA se cachent bien d'autres problèmes. La FIFA réalise des chiffres d'affaires et des bénéfices importants pendant les Coupes du monde.

Alors que les pays organisateurs sont obligés d'investir beaucoup d'argent dans des installations pour les fans de football. En contrepartie, la FIFA promet aux pays un essor du tourisme et des économies locales. Mais selon la population, elle paie un prix beaucoup trop élevé pour la fête du football.

C'est un club assoiffé de sang qui vient pour un certain temps, fait de grandes promesses et part ensuite pour aller sucer du sang ailleurs", déclare A. Desai, professeur de sociologie à l'université sud-africaine de Johannesburg, à propos de la FIFA.

Romàrio de Souza Faria, le meilleur buteur brésilien et ancien international de football qui a notamment joué au PSV, n'a pas non plus un bon mot à dire sur la Fédération mondiale de football :

La Coupe du Monde est pour les étrangers, pour les voleurs qui volent notre pays. '

Plus de 1 000 travailleurs de la construction sont morts
Pendant que le FBI et les procureurs suisses enquêtent sur la corruption et l'attribution de la Coupe du monde, les préparatifs sont en cours pour les prochaines Coupes du monde en Russie en 2018 et au Qatar en 2022. Le Qatar nie, mais selon la coalition internationale des syndicats, plus d'un millier de travailleurs de la construction sont déjà morts en raison de situations de travail dangereuses.

Les préparatifs des précédentes Coupes du monde au Brésil en 2014 et en Afrique du Sud en 2010 ont également des conséquences dramatiques.

Coûts élevés
Romàrio est maintenant un parlementaire au Brésil. Lorsqu'il entend dire que le Brésil pourrait accueillir la Coupe du monde en 2014, il est enthousiaste. Mais cela ne dure pas longtemps : "J'ai commencé à suivre de près ce qui se passait et j'ai été frappé par le fait que nous dépensions deux fois plus que prévu pour construire les stades de football". L'augmentation des coûts est une épine dans le pied de nombreux Brésiliens.

Pendant des années, le gouvernement n'a pas investi un centime dans des services publics importants tels que l'éducation, le logement et les soins de santé. Des maisons sont également démolies pour construire des infrastructures pour les touristes du football.

Des millions de personnes descendent dans la rue et des émeutes violentes avec la police et l'armée se développent. C. Gaffney, professeur invité de l'université de Rio de Janeiro : ' Ainsi, en 2014, une Coupe du monde s'est déroulée au détriment d'une génération d'écoliers qui ne trouvent pas de médecin aux urgences.''

Le Brésil subventionne les profits de la FIFA
Selon le gouvernement brésilien, ce coût est en effet de l'argent bien dépensé et permet d'améliorer les infrastructures. Les opposants estiment que les nouvelles installations, comme les aéroports, servent principalement les couches élevées de la population.

Elle procure également des avantages économiques, selon le maire adjoint de São Paulo, N. Campeão : "Tout ce qui entre au Brésil par le biais du tourisme, par exemple, constitue des revenus pour notre pays. Mais selon le professeur invité C. Gaffney de l'Université de Rio de Janeiro, elle ne coûte que de l'argent au Brésil, alors qu'elle rapporte à la FIFA un chiffre d'affaires historique de plus de 4 milliards d'euros : "La Coupe du monde a coûté 7 milliards d'euros, dont 2 milliards pour les stades. Donc, dans un pays où la main d'œuvre est peu coûteuse, on construit des stades extrêmement chers, mais il n'y a pas d'argent pour les infrastructures essentielles. Il s'agit essentiellement d'une subvention brésilienne pour les bénéfices de la FIFA'.

Des stades inutiles

Les 12 stades ultramodernes sont tout juste achevés à temps. Le rythme des travaux est meurtrier et la construction et la rénovation entraînent de multiples décès. On prévient à l'avance qu'au moins 4 stades seront inutilisables après la Coupe du monde. Pour un quart de milliard d'euros, par exemple, un stade apparaît au milieu de l'Amazonie lointaine dans une ville sans club de premier plan. Le palais du football est à peine utilisé. Il est prévu de le transformer en prison.

Les enfants des rues et les vagabonds brutalement éliminés

En Afrique du Sud également, les impressionnantes structures de la fête du football 2010 sont désormais pour la plupart vides. L'équipe néerlandaise y a atteint la deuxième place. L'euphorie est grande. Mais même en Afrique du Sud, l'histoire en coulisses est moins rose. Selon Amnesty International, à l'abri des touristes et des médias, les enfants des rues et les vagabonds sont brutalement retirés des rues.

Le commentateur politique D. McKinley : "Je pense que cette Coupe du monde, comme toujours, n'est qu'une question d'apparences et d'images. L'emplacement des

stades et ce que le monde voit à la télévision sont plus
importants que ce qui se passe réellement en coulisses'.

3 milliards d'euros de recettes
En attendant, la Coupe du monde en Afrique du Sud est
le tournoi de football le plus rentable de tous les temps.
Les droits de télévision et les contributions des sponsors
procurent à la FIFA plus de 3 milliards d'euros de
revenus.

Mais pour l'Afrique du Sud, les coûts s'envolent, selon
l'économiste S. du Plessis : " L'estimation initiale était
que l'infrastructure du tournoi coûterait moins de 200
millions d'euros, mais le coût réel sera plus proche de 2
à 3 milliards d'euros.

Un important programme de construction et de
rénovation est nécessaire pour mettre en place 10
stades répondant aux exigences de la FIFA. Le
gouvernement sud-africain paie 1 milliard d'euros. Il y
aura 5 nouvelles arènes de football. Également dans des
villes où il y a déjà de grands stades. Aujourd'hui, plus
de cinq ans après, les coûts d'entretien de certains
stades inutilisés s'élèvent encore à 300 000 euros par
mois.

Capitalisme extrême
La fédération de football a laissé entrevoir un avenir
radieux pour l'Afrique du Sud, avec une forte affluence,
des emplois supplémentaires et l'amélioration des
infrastructures. Mais selon A. Desai, professeur de

sociologie à l'université de Johannesburg, la Coupe du monde est une forme de capitalisme extrême : "Le trésor public a été pillé pour un moment historique. Les bidonvilles restent, mais pas les emplois. C'est jeter l'argent par les fenêtres'.

Des Brésiliens furieux attaquent des véhicules de la FIFA

Lors de manifestations dans la ville brésilienne de Salvador, des manifestants ont attaqué et endommagé des véhicules de la FIFA. Les employés de la FIFA dans cette ville ont également cessé de porter des vêtements reconnaissables de la FIFA pour éviter de nouveaux incidents.

Mercredi, le match Uruguay-Nigeria se déroulait dans la ville dans le cadre de la Coupe des confédérations. La poursuite du tournoi au Brésil est en grand danger en raison des manifestations en cours dans le pays. Plusieurs médias de la nation sud-américaine spéculent sur l'arrêt de l'événement qui sert de répétition générale à la Coupe du monde 2014 dans le même pays hôte.

Des stades coûteux

Environ un million de Brésiliens sont descendus dans les rues du pays pour protester, entre autres, contre la mauvaise gestion financière et sociale du gouvernement. Les manifestants sont particulièrement furieux que des stades extrêmement coûteux aient été construits, alors qu'à leurs yeux rien n'est fait pour lutter contre la pauvreté dans le pays. Les manifestations de masse sont entrées dans leur deuxième semaine et semblent s'intensifier.

Selon certaines informations, la FIFA a déjà lancé un appel urgent aux pays participants pour qu'ils terminent le tournoi comme prévu. Pour une équipe, les joueurs auraient déjà fait pression sur la direction de l'équipe pour qu'elle rentre chez elle en raison des doutes croissants sur la sécurité, notamment en ce qui concerne les membres de leur famille vivant au Brésil.

La moralité de l'hypocrisie ?

La Russie pourrait ne pas être autorisée à participer aux barrages pour la Coupe du monde au Qatar à la fin du mois de mars. La Russie devait jouer contre la Pologne le 24 mars ; le vainqueur de ce match affronterait la Suède ou la République tchèque le 29 mars dans la bataille pour un billet pour la Coupe du monde 2022 au Qatar.

Elle impliquerait une suspension totale des équipes russes, ce qui les empêcherait de participer à des tournois internationaux. À cette fin, la FIFA collabore étroitement avec la Confédération européenne de football (UEFA), qui travaille également sur d'autres sanctions. Avec le Spartak Moscou, il y a encore une équipe russe sur la scène européenne cette saison, en huitième de finale de l'Europa League contre le RB Leipzig. De son côté, l'équipe féminine russe sera tête de série pour les championnats européens de l'été prochain en Grande-Bretagne.

La Fédération mondiale de football a déjà annoncé un premier train de sanctions dimanche soir, mais il n'était pas assez poussé pour de nombreux pays. "Aucune compétition internationale ne peut plus se terminer sur le territoire russe, les matchs à domicile doivent être joués sur terrain neutre et sans spectateurs", a annoncé la FIFA.

"En outre, l'État membre représentant la Russie le fera sous le nom de RFU (Russian Football Union, ndlr) et non plus sous le nom de 'Russie'. Lors des matches internationaux de l'équipe nationale, les drapeaux et l'hymne national sont interdits", a déclaré la FIFA.

"La FIFA est toujours en pourparlers avec l'UEFA et le CIO, entre autres, concernant d'éventuelles mesures supplémentaires, comme l'exclusion de toutes les compétitions, si aucune amélioration de la situation actuelle n'est perceptible dans un avenir proche."

Ainsi, si la Fédération mondiale de football a bien brandi la menace d'une exclusion totale, elle n'en est pas encore officiellement là. La Pologne, la Suède et la République tchèque avaient toutefois déjà fait savoir qu'elles ne voulaient pas jouer contre la Russie lors des barrages de la Coupe du monde. Lundi, ils ont été rejoints par un certain nombre de pays. L'Angleterre, le Danemark, l'Irlande, le Pays de Galles, l'Écosse, la Suisse, l'Albanie et la Norvège, entre autres, ont annoncé qu'ils ne voulaient plus jouer contre la Russie. L'Association royale belge de football KBVB a à son tour soutenu le refus de la Pologne, de la Suède et de la République tchèque de jouer contre la Russie pour les éliminatoires de la Coupe du monde fin mars. Pour l'instant, les Pays-Bas ne veulent plus jouer contre la Russie et le Belarus.

Comment cela s'est-il passé au Qatar ?

Les décès survenus pendant les travaux de construction de la Coupe du monde au Qatar sont au centre des critiques adressées à l'émirat du désert.

Aujourd'hui, l'instance dirigeante mondiale, la FIFA, a confirmé les chiffres officiels : Trois personnes seraient mortes pendant la construction des stades. Pendant longtemps, le chiffre de plus de 6 500 morts a circulé depuis l'attribution de la Coupe du monde en 2010. Comment cette divergence peut-elle se produire ?

Selon les informations du comité d'organisation, ces dernières années, trois personnes sont mortes dans des accidents sur des chantiers de construction de stades au Qatar, pays hôte, pendant les heures de travail.

C'est ce qu'a confirmé la fédération mondiale de football, la Fifa, à la Deutsche Presse-Agentur avant le début du tournoi.

Trente-sept autres décès seraient survenus sans lien direct avec les travaux de construction ("décès non liés au travail").

Dans le débat public, on a longtemps parlé de 6500 morts depuis l'attribution de la Coupe du monde. Ce chiffre est tiré d'un rapport du quotidien anglais "The Guardian". La vérité ne se situe dans aucun des deux extrêmes : les chiffres sont trop bas dans un cas et trop élevés dans l'autre.

Dans quelles circonstances la figure du "Gardien" est-elle apparue ?

Le nombre de décès directement liés à la Coupe du monde est trop élevé. Dans un article de février dernier, le journal écrivait que "plus de 6500 travailleurs migrants sont morts au Qatar depuis l'attribution de la Coupe du monde."

La figure reprend les données officielles de l'Inde, du Bangladesh, du Népal, du Sri Lanka (un total de 5927 décès) et du Pakistan (824 décès) de 2011 à 2020. (Le lieu et la cause des décès ne sont pas précisés.

Le rapport du journal anglais souligne ensuite qu'il y aurait eu 37 décès pendant la construction des arènes, dont 34 sont des décès dits non liés au travail, sans lien direct avec les travaux.

Le "Guardian" reproduit les données du Supreme Committee for Delivery & Legacy (en abrégé : SC), qui planifie et est responsable de la Coupe du monde dans l'émirat du désert, à l'instar d'un comité d'organisation.

Combien de morts y a-t-il eu, à ce jour, selon les données officielles du comité d'organisation ?
En plus des 37 décès survenus pendant la construction des stades mentionnés par le Guardian, trois autres

sont survenus en 2021. Chacun de ces cas est dit être des "décès non liés au travail".

Le total officiel est donc passé à 40 l'année précédente, dont 37 étaient des "décès non liés au travail" et trois des décès directement liés à la construction du stade. En d'autres termes, il ne fait aucun doute que les plus de 6500 travailleurs invités du rapport du "Guardian" sont morts au Qatar entre 2011 et 2020. Toutefois, ce chiffre inclut des secteurs qui ne sont pas touchés par l'organisation de la Coupe du monde (comme les employés de maison ou d'hôtel).

Néanmoins, le chiffre de 40 décès donné officiellement par le comité organisateur est trop faible : il ne comprend pas les travailleurs migrants décédés lors de la construction de routes et de bâtiments ou d'autres projets d'infrastructure qui ont incontestablement été mis en œuvre en raison de la Coupe du monde.

C'est ainsi que Nicholas McGeehan s'exprime dans le "Guardian" de l'époque. Avec son organisation Fair Square, il fait campagne pour les droits des travailleurs dans la région du Golfe. McGeehan a déclaré : "Une très grande partie des travailleurs invités qui sont morts depuis 2011 n'étaient dans le pays que parce que le Qatar a remporté la candidature pour accueillir la Coupe du monde."

En d'autres termes, sans la Coupe du monde, de nombreux projets n'auraient pas vu le jour, même s'ils ne sont pas directement liés à l'organisation du tournoi, comme la construction d'un stade.

40 et 3 : comment le comité d'organisation de la Coupe du monde établit-il ses statistiques ?
Entre 6 500 ("Guardian") et 40 (données officielles), l'écart est extrêmement important - et encore plus si l'on ne prend en compte que les trois décès mentionnés, qui, selon le CS, sont directement liés à la construction des stades de la Coupe du monde.

Aucune information plus détaillée ne peut être trouvée sur ces trois travailleurs morts.

Mais : Un coup d'œil aux publications du comité d'organisation permet de clarifier comment l'organisateur interprète le fait que le décès soit directement lié au travail ou non. Par exemple, on peut y lire : "Le 29 juin, un Indien de 38 ans qui travaillait comme charpentier au stade Lusail a été transporté à l'hôpital pendant la pause pour des vertiges (...) et des douleurs thoraciques (...), où il a ensuite fait un arrêt cardiaque et est décédé." Il s'agit de l'un des trois décès survenus en 2021 que SC compte comme des "décès non liés au travail".

Un deuxième homme, un Indien de 21 ans, est décédé à l'hôpital à la mi-août après avoir été trouvé sans réaction dans sa chambre. Cause officielle du décès : défaillance de plusieurs organes et arrêt cardiaque. Début octobre, un Pakistanais de 47 ans est sorti d'une pelleteuse parce qu'il "ne se sentait pas bien", selon le document du CS.

Il s'est effondré à côté de son équipement de travail et n'a pas pu être réanimé. Cause officielle du décès : insuffisance cardiaque aiguë due à des causes naturelles. On peut difficilement nier la proximité de l'activité du chantier, mais le CS les déclare comme des "décès non liés au travail".

Dans la moitié des 34 autres décès qui ne seraient pas directement liés au travail, la cause du décès n'a même pas été recherchée en premier lieu ; dans l'autre moitié, l'arrêt cardiaque est fréquemment documenté - bien qu'il ne soit probablement pas la cause, mais simplement la détermination de la fin de vie.

Que disent les responsables du comité d'organisation de la Coupe du monde ?
Mahmoud Qutub est l'homme responsable de la sauvegarde des droits de ceux qui travaillent ou ont travaillé sur les chantiers de la Coupe du monde. Il est le directeur exécutif du SC pour les droits du travail. M. Qutub a étudié à Washington, D.C., et a ensuite obtenu une maîtrise en administration des affaires à Durham, en Caroline du Nord.

S'adressant dans un anglais parfait aux représentants des médias, auxquels le RND a participé, il explique que les causes de décès des travailleurs décédés sont examinées selon les procédures établies ("Incident Investigation Procedure").

Il précise que "dans certains cas, les membres de la famille ne souhaitaient pas qu'une autopsie soit pratiquée." Selon le rapport, les causes du décès n'ont pas été déterminées dans environ la moitié des "décès non liés au travail."

Qutub a également souligné qu'il existait une distinction compréhensible des décès selon qu'ils étaient directement ou indirectement liés aux travaux de construction.

L'émir du Qatar Tamim Al Thani parle d'une "campagne sans précédent".
À quelque quatre semaines du début de la Coupe du monde, le souverain du Qatar s'est une nouvelle fois plaint du niveau de critiques dont son pays a fait l'objet à l'approche du tournoi. "Depuis que nous avons l'honneur d'accueillir la Coupe du monde, le Qatar a été soumis à une campagne sans précédent qu'aucun pays hôte n'a jamais connue", a déclaré l'émir Tamim Bin Hamad Al Thani mardi dans la capitale Doha.

Un peu moins d'un mois avant le début de la Coupe du monde au Qatar, la FIFA fait état d'un total de trois décès sur les chantiers de construction de stades. Les 37 autres décès ne seraient pas directement liés aux travaux. Cette statistique diffère largement du bilan des décès rapporté par les médias britanniques.

Selon les informations du comité organisateur, trois personnes sont mortes dans des accidents sur des chantiers de construction de stades au Qatar, pays hôte de la Coupe du monde, pendant les heures de travail ces dernières années. La FIFA a confirmé ces informations un bon mois avant le début du tournoi (du 20 novembre au 18 décembre) en réponse à une demande de la Deutsche Presse-Agentur. Elle a précisé que 37 autres décès avaient été enregistrés, ces travailleurs n'étant pas morts en travaillant sur des chantiers. Le comité d'organisation classe donc ces cas comme des "décès non liés au travail", c'est-à-dire des décès qui n'étaient pas directement liés au travail.

Les médias britanniques avaient fait état de milliers de morts dans les gueules de bois au cours des années qui ont suivi l'attribution de la Coupe du monde en décembre 2010. L'émirat reproche à ce compte rendu de ne pas faire de distinction entre les décès et met en avant de nombreuses réformes. Celles-ci ont à leur tour été critiquées par les organisations de défense des droits de l'homme. Amnesty International et Human Rights Watch demandent ainsi la création d'un fonds d'indemnisation, ce que soutient également la Fédération allemande de football.

Le président de la DFB, Bernd Neuendorf, se rendra au Qatar avec la ministre allemande de l'Intérieur, Nancy Faeser (SPD), à la fin du mois d'octobre. "Le voyage se concentrera sur les questions de droits de l'homme qui seront discutées autour du tournoi, comme la protection des personnes homosexuelles contre la discrimination et la persécution, ainsi que la responsabilité des travailleurs migrants qui ont construit les stades de la Coupe du monde", avait déclaré une porte-parole du ministre fédéral de l'Intérieur.

À l'approche de la Coupe du monde au Qatar, les critiques à l'égard de l'hôte continuent d'être vives. En particulier, les violations des droits de l'homme dans le pays sont un point de critique fréquent. Amnesty International, une organisation qui défend les droits de l'homme, a manifesté dimanche devant la porte de Brandebourg et a exigé une indemnisation de la FIFA.

Par une action artistique à la Porte de Brandebourg, Amnesty International a attiré l'attention sur les violations des droits humains au Qatar, un peu moins d'un mois avant le début de la Coupe du monde. Dans le même temps, l'organisation a appelé la FIFA, l'instance dirigeante mondiale, à assumer ses responsabilités et à œuvrer en faveur d'une indemnisation. Les participants à la manifestation ont tendu une corde à linge et y ont accroché des T-shirts portant des termes tels que censure de la presse, travail forcé, discrimination, interdictions syndicales et arbitraire judiciaire. Le Qatar accueille la Coupe du monde de football du 20 novembre au 18 décembre.

Le riche émirat a été critiqué à plusieurs reprises pour ses violations systématiques des droits humains et l'exploitation des migrants. Selon Amnesty, quelque deux millions de travailleurs migrants vivent et travaillent au Qatar, et des centaines de milliers d'entre eux sont impliqués dans les projets de la Coupe du monde. Le gouvernement rejette ces accusations et invoque des réformes en faveur des travailleurs.

Amnesty souhaite que la FIFA plaide en faveur d'un mécanisme de compensation. Sous le slogan "Le football oui. Exploitation non", des paiements d'au moins 440 millions de dollars américains doivent être mis à disposition.

Esclaves ou travailleurs ?

Discrimination, salaires de misère, mauvais traitements : Un nouveau rapport sur les conditions de travail sur les chantiers de la Coupe du monde au Qatar dresse un tableau effrayant.

Londres. Une organisation de défense des droits de l'homme a présenté de nouvelles allégations détaillées d'exploitation des travailleurs dans les stades de la Coupe du monde au Qatar. Des travailleurs originaires de pays à bas salaires ont été victimes de discrimination, n'ont pas reçu leur salaire et ont été victimes d'abus et de mauvais traitements, selon le rapport publié jeudi par l'organisation Equidem, basée à Londres.

Pour son rapport de 75 pages, l'organisation dit avoir parlé à 60 travailleurs sur une période de deux ans, qui ont tous souhaité rester anonymes.

Leurs témoignages suggèrent que les réformes du marché du travail adoptées par le Qatar au cours des années précédant la Coupe du monde sont souvent ignorées dans la réalité.

Ils ont déclaré avoir dû payer des frais de placement pour obtenir un emploi, ce qui les a lourdement endettés avant même de commencer. De longues journées de travail sous une chaleur étouffante étaient à l'ordre du jour, ont-ils dit, et les Africains et les personnes originaires d'Asie du Sud devaient effectuer les travaux les plus dangereux.

Les protestations ou la formation de syndicats étaient interdites. Ils avaient peur de se plaindre, car sinon ils auraient pu perdre leur emploi, ont rapporté les travailleurs.

Le Qatar parle d'inexactitudes et d'interprétations erronées
L'auteur principal du rapport, Namrata Raju, a déclaré que les spectateurs doivent être conscients que les stades dans lesquels ils sont assis ont été créés dans des conditions qui peuvent être décrites, au moins en partie, comme du travail forcé ou une forme d'esclavage moderne. Amnesty International et Human Rights Watch ont documenté des abus similaires.

Interrogé sur le rapport d'Equidem, le bureau des médias du Qatar a déclaré que 3 700 inspections avaient été effectuées et que les protections du travail avaient été appliquées au cours du seul mois d'octobre. L'organisme chargé d'accueillir la Coupe du monde, le Comité suprême pour la mise en œuvre et l'héritage du tournoi, a déclaré que le rapport d'Equidem était rempli d'inexactitudes et de mauvaises interprétations. Les réformes menées depuis 2014 ont considérablement amélioré la situation des travailleurs, a-t-il ajouté.

Une entreprise de construction française a fait l'objet d'une enquête officielle cette semaine pour

49

d'éventuelles violations des droits de l'homme sur les chantiers de la Coupe du monde au Qatar. Les allégations portent sur le travail forcé, des conditions de vie et de travail inhumaines et une rémunération insuffisante des travailleurs migrants.

Enquêtes contre une entreprise française : Travail d'esclaves modernes sur les chantiers de la Coupe du monde ?
Dans quelques jours, la Coupe du monde de football débutera au Qatar et, une fois de plus, des rapports faisant état de conditions de travail désastreuses sur les chantiers de la Coupe du monde font la une des journaux. Des enquêtes officielles ont été ouvertes contre une entreprise de construction française.

Hanovre/Paris. Une entreprise de construction française a fait l'objet d'une enquête officielle pour de possibles violations des droits de l'homme sur les chantiers de la Coupe du monde au Qatar. Les accusations portent sur le travail forcé, des conditions de vie et de travail inhumaines et une rémunération insuffisante des travailleurs migrants, a annoncé mercredi l'organisation de défense des droits de l'homme Sherpa.

Une porte-parole du parquet de Nanterre, près de Paris, a confirmé jeudi à CNN les enquêtes ordonnées par un juge à l'encontre de Vinci Construction Grands Projets, une filiale du groupe de construction français Vinci.

Les employés de Sherpa ont déclaré s'être rendus au Qatar dès 2014 pour recueillir des preuves de conditions de travail prétendument inadéquates sur les chantiers de la Coupe du monde. Dans sa déclaration, l'organisation de défense des droits de l'homme cite notamment le travail forcé par une chaleur extrême supérieure à 45 degrés et sans approvisionnement en eau, la privation de passeport et les mauvaises conditions de logement avec des installations sanitaires inadéquates et sans climatisation.

La plainte, déposée en 2019 et désignant douze anciens ouvriers du bâtiment comme témoins, a été rejointe par l'organisation française de défense des droits de l'homme Comité contre l'Esclavage Moderne.

"Les entreprises ne sont pas au-dessus de la loi. Cet acte d'accusation envoie un signal fort contre l'impunité des multinationales. Il montre que le recours au travail forcé dans leurs chaînes de valeur peut faire l'objet de poursuites", a déclaré Sandra Cossart, directrice exécutive de Sherpa, citée dans le communiqué.

Critique des conditions de travail sur les chantiers de la Coupe du monde depuis des années
Un avocat de Vinci Construction Grands Projets a nié les allégations à CNN et a annoncé qu'ils allaient contester la décision du juge d'autoriser les enquêtes. Il a reproché le manque de temps pour préparer l'audience de cette semaine et a parlé de preuves insuffisantes pour soutenir les allégations.

Depuis l'attribution de la Coupe du monde de football au Qatar (20 nov. - 18 déc.), des critiques s'élèvent régulièrement sur la situation des droits de l'homme dans ce pays et sur celle des nombreux travailleurs du monde entier. Début 2021, le quotidien britannique "Guardian" faisait état de 6500 ouvriers de cinq pays asiatiques morts sur les chantiers de l'émirat au cours des dix dernières années.

Jeudi, une organisation de défense des droits de l'homme a également présenté de nouvelles allégations détaillées d'exploitation des travailleurs dans les stades de la Coupe du monde. Des travailleurs originaires de pays à bas salaires ont été victimes de discrimination, n'ont pas reçu leur salaire et ont été victimes d'abus et de mauvais traitements, selon le rapport d'Equidem, une organisation basée à Londres. Pour ce rapport de 75 pages, l'organisation dit avoir parlé à 60 travailleurs sur une période de deux ans, qui ont tous souhaité rester anonymes.

La FIFA doit prendre ses responsabilités ?

Pour compenser l'exploitation et la mort de travailleurs migrants sur les chantiers de la Coupe du monde, les organisations de défense des droits de l'homme demandent au Qatar et à la Fifa de créer un fonds de compensation. L'émirat du désert a jusqu'à présent refusé de procéder à un tel versement. Human Rights Watch adresse une demande claire à la Fédération mondiale de football.

Wenzel Michalski, directeur pour l'Allemagne de Human Rights Watch, a mis à la charge de la fédération mondiale de football la création d'un fonds d'indemnisation pour les victimes des chantiers de la Coupe du monde au Qatar. "La Fifa doit s'engager dans la brèche. Elle ne peut pas se contenter de dire : si le gouvernement ne participe pas, nous nous dérobons à nos responsabilités", déclare Michalski au RedaktionsNetzwerk Deutschland (RND).

Avec Amnesty International, l'organisation de défense des droits de l'homme réclame un paiement de 440 millions d'euros. L'émirat du désert et la Fifa devraient payer pour les travailleurs invités qui ont été exploités sur les chantiers de la Coupe du monde ou qui ont perdu la vie. Cette somme équivaut à la dotation des 32 équipes nationales participant à la Coupe du monde. "Il ne s'agit pas seulement des décès survenus pendant la construction des stades, mais globalement pendant la construction des infrastructures de la Coupe du monde", souligne M. Michalski.

Le ministre qatari du Travail, Ali bin Samich Al Marri, avait récemment qualifié de "coup de pub" l'appel à la création d'un fonds d'indemnisation. "Chaque décès est une tragédie", a reconnu Al Marri, mais il a souligné qu'"il n'y a pas de critères pour établir ces fonds. Où sont les victimes ? Avez-vous les noms des victimes ? Comment obtenez-vous ces chiffres ?" Du côté de Human Rights Watch, il y a donc une nouvelle fois une demande claire en direction de la Fifa peu avant le début de la Coupe du monde. "Ce n'est pas seulement une obligation morale, mais une obligation légale. L'employeur doit payer pour les familles des travailleurs qui sont morts ou qui sont maintenant incapables de travailler."

Officiellement, trois décès sur les chantiers de la Coupe du monde de football
Selon les données officielles du comité d'organisation, trois décès seraient survenus sur les chantiers de construction du stade. En outre, on parle de 37 autres décès qualifiés de "non liés au travail", ce qui signifie que, selon l'organisateur, ils n'étaient pas en relation directe avec les travaux de construction. Selon un rapport du quotidien anglais "Guardian" datant du début de l'année dernière, plus de 6 500 travailleurs migrants originaires d'Inde, du Pakistan, du Népal et du Bangladesh sont morts depuis l'attribution du tournoi en 2010.

Le coup d'envoi de la Coupe du monde sera donné le 20 novembre à Doha, la capitale du Qatar, et la finale aura lieu le 18 décembre. L'émirat du désert a fait l'objet de vives critiques non seulement pour son traitement des travailleurs migrants, mais aussi en ce qui concerne les droits des femmes et de la communauté LGBTQ+.

Selon le président de la DFB, Bernd Neuendorf, l'instance dirigeante mondiale, la FIFA, doit également assumer sa responsabilité vis-à-vis des ouvriers victimes d'accidents lors de la construction des stades de la Coupe du monde au Qatar. C'est également une responsabilité que la DFB doit assumer, a souligné M. Neuendorf lors d'une cérémonie de remise de prix organisée par la DFB lundi.

Selon le président de la DFB, Bernd Neuendorf, l'instance dirigeante du football mondial, la FIFA, doit assumer sa responsabilité envers les ouvriers qui sont morts ou ont été blessés lors de la construction des stades de la Coupe du monde au Qatar et qui ne peuvent plus nourrir leur famille. C'est aussi une responsabilité que la DFB doit assumer, a déclaré M. Neuendorf lundi soir lors de la cérémonie de remise des prix Julius Hirsch de la Fédération allemande de football (DFB) à Dresde.

Il avait également discuté de la question avec le président de la FIFA, Gianni Infantino, lors de son voyage au Qatar. Il a déclaré que l'attribution du tournoi était considérée de manière très critique. "Je pense que le tournoi a déjà changé le sport", a déclaré Neuendorf. À l'avenir, a-t-il ajouté, l'attribution devra également être basée sur des critères liés aux droits de l'homme. Ce sera un critère important pour la FIFA, a-t-il dit. "Cela signifie que le sport est devenu plus politique", a expliqué M. Neuendorf, parlant d'une bonne évolution. Le football doit élever sa voix, a-t-il dit. La Coupe du monde dans l'émirat commence le 20 novembre et se termine le 18 décembre.

Cette année, la DFB a honoré, entre autres, le club de la ligue de district SV Blau-Weiß Grana de Zeitz en Saxe-Anhalt en lui décernant le prix Julius Hirsch. Le club avait accueilli de nombreux réfugiés. Parmi les autres lauréats figurent le réseau éducatif Lernort Stadion de Berlin et le réseau Erinnerungsarbeit dans le cadre du Hamburger SV. Le prix d'honneur a été attribué à Burak Yilmaz, éducateur et auteur de Duisbourg.

Depuis 2005, la DFB rend hommage aux victimes juives du régime nazi en décernant ce prix chaque année. Des personnes, des clubs et des institutions sont honorés pour leur engagement dans la lutte contre l'antisémitisme et la discrimination. Le prix porte le nom de Julius Hirsch. Il était un joueur national de la DFB, un participant aux Jeux olympiques et deux fois champion d'Allemagne. Il a été assassiné à Auschwitz en 1943.

Dans le système dit de la kafala, les employeurs ("parrains") exercent un contrôle excessif sur les travailleurs migrants et leur statut juridique. Jusqu'à récemment, les travailleurs migrants n'étaient autorisés à changer d'emploi ou à quitter le pays qu'avec le consentement de leurs employeurs. En raison de leur extrême dépendance vis-à-vis de leurs employeurs, les travailleurs ne peuvent guère se défendre contre l'exploitation, les abus et les mauvais traitements. Ils sont entièrement à la merci de leurs commanditaires.

Bien que la réglementation de la kafala soit désormais abolie par la loi au Qatar, elle continue d'être appliquée dans la pratique et son abolition est de plus en plus remise en question. Le Qatar a supprimé l'exigence d'un permis de sortie et d'un certificat de non-objection (CNO) pour la plupart des travailleurs migrants, ce qui leur permet théoriquement de quitter le pays et de changer d'emploi sans demander le consentement de leurs sponsors. Mais de facto, les employeurs ont toujours la possibilité d'empêcher les travailleurs de changer d'emploi et de contrôler leur statut juridique. La rétention des salaires et des avantages sociaux rend également difficile pour les travailleurs de quitter leur lieu de travail. Les travailleurs migrants continuent de dépendre de leurs employeurs pour entrer et rester au Qatar. Les employeurs peuvent toujours engager des poursuites pour "avoir quitté le lieu de travail sans autorisation" et annuler les permis de séjour - des pratiques dont on abuse pour contrôler la main-d'œuvre.

Pour les travailleurs migrants qui sont exploités, il est difficile de faire valoir leurs droits ou de recevoir une compensation. Ils ne sont pas autorisés à se syndiquer et ne peuvent donc pas lutter ensemble pour obtenir de meilleures conditions de travail.

Faut-il boycotter les manifestations sportives organisées dans des pays dont le bilan en matière de droits de l'homme est douteux ? Depuis que la Coupe du monde a été attribuée au Qatar il y a 10 ans, des appels au boycott ont été lancés en raison de la situation précaire des droits de l'homme. Des fans de football, des joueurs et des clubs appellent à retirer leur soutien à la Coupe du monde au Qatar, exprimant leur protestation contre la décision de la FIFA et l'exploitation des migrants. Les préoccupations en matière de droits de l'homme sont trop importantes, l'arrière-goût d'une joyeuse fête du football au milieu de l'injustice trop amer - les raisons de boycotter un événement sportif comme la Coupe du monde au Qatar sont évidentes.

En même temps, les grands événements sportifs comme la Coupe du monde ont aussi le potentiel de rendre visibles les violations des droits de l'homme et de susciter des améliorations. La Coupe du monde de la FIFA est l'un des événements sportifs les plus regardés au monde. En 2018, plus de la moitié de la population mondiale a regardé la Coupe du monde. Amnesty International a pris la décision délibérée de ne pas boycotter la Coupe du monde au Qatar, choisissant plutôt d'utiliser l'attention du monde comme une

opportunité de changement positif. Nous voulons
concentrer cette attention sur ceux qui rendent cet
événement majeur possible : les travailleurs migrants.
Notre rôle en tant qu'organisation de défense des droits
de l'homme est de documenter la situation dramatique
des travailleurs migrants autour de la Coupe du monde,
de sensibiliser le monde à leur souffrance et de faire
pression sur les responsables pour qu'ils changent. Nous
utilisons la période précédant la Coupe du monde pour
mettre en lumière l'exploitation des travailleurs
migrants, exiger des réformes et améliorer leur
situation.

À la suite de ce rapport, le Qatar a déjà pris des mesures
importantes pour mieux protéger les travailleurs - des
mesures importantes, mais qui ne sont évidemment
qu'un premier départ. La pression internationale s'étant
accrue ces dernières années, le gouvernement qatari
s'est engagé en 2017 à abolir le système de kafala et à
lancer d'autres réformes importantes. Depuis lors, des
progrès importants ont effectivement été réalisés au
Qatar, avec l'introduction de nouveaux cadres
juridiques et d'initiatives qui améliorent la situation des
travailleurs migrants. Il s'agit notamment d'une loi
réglementant les heures de travail des employés de
maison, de tribunaux du travail facilitant l'accès à la
justice, d'un fonds destiné à payer les salaires impayés
et d'un salaire minimum. Le Qatar a également aboli les
lois qui obligeaient auparavant les travailleurs migrants
à obtenir la permission de leur employeur pour changer
d'emploi ou quitter le pays. Deux importants traités

relatifs aux droits de l'homme ont été ratifiés (sans toutefois reconnaître le droit de former des syndicats). Si elles sont pleinement mises en œuvre, ces réformes peuvent contribuer à éliminer les aspects les plus problématiques du système de la kafala et permettre aux travailleurs migrants d'échapper à des conditions de travail abusives et exploitantes et de réclamer une indemnisation.

Mais depuis lors, il y a aussi eu régression et stagnation. Malgré les processus de réforme engagés, le quotidien de nombreux travailleurs migrants au Qatar reste dur et l'exploitation se poursuit - notamment parce que les réformes annoncées n'ont pas encore été effectivement mises en œuvre. Il est donc grand temps que le Qatar tienne enfin ses promesses - et la FIFA doit également assumer ses responsabilités. En tant qu'organisatrice de la Coupe du monde, la FIFA doit s'exprimer publiquement et exiger que le gouvernement qatari mette en œuvre son programme de réforme du travail avant le match d'ouverture de la Coupe du monde. Amnesty International ne se lassera pas de rappeler publiquement à la FIFA ses responsabilités.

Le Qatar veut acheter la reconnaissance ?

Le film de Jochen Breyer "Secret Affair Qatar" a soulevé beaucoup de poussière avant même sa diffusion mardi soir. "Vous pensez qu'être gay est un péché ?" a demandé Breyer à l'un des ambassadeurs du Qatar pour la Coupe du monde, l'ancienne star du football Khalid Salman. Le seul Qatari qu'il a été autorisé à visiter sur le terrain - où les relations avec les médias sont strictement contrôlées. "Oui, des dommages mentaux", a répondu l'homme. Le superviseur qatari de l'équipe de tournage de Breyer sur la ZDF voulait en fait arrêter l'interview avant. À savoir, au moment où la conversation a porté sur les invités homosexuels de la Coupe du monde, qui ne sont "pas autorisés" selon la loi qatarie.

"Khalid n'est pas la meilleure personne pour commenter la loi", interrompt le préposé du comité officiel d'organisation de la Coupe du monde. Plus de questions à ce sujet ! Mais Khalid Salman n'a pas encore dit tout ce qui est important pour lui. Il continue à dire que ce serait un problème si les enfants voyaient des gays. "Parce que c'est un dommage dans l'esprit", en allemand à peu près : "Être gay est un dommage mental."

Dans son documentaire "Geheimsache Qatar", Jochen Breyer apporte un éclairage étonnant sur l'État du désert : Il y est également question du lien entre la Bundesliga allemande et le Qatar, et plus particulièrement de l'association européenne des clubs de haut niveau "European Club Association". Selon les recherches du documentaire de la ZDF, Karl-Heinz Rummenigge, qui a dirigé l'association jusqu'en 2017, est entré en jeu lorsque l'attribution de la Coupe du monde au Qatar, décidée en 2010, a fait l'objet de pressions massives au cours des années suivantes. De nombreux grands noms du football européen, comme la Premier League anglaise, se sont prononcés contre une Coupe du monde d'hiver au Qatar. Il n'aurait de toute façon jamais été possible de jouer par 40 à 50 degrés en été.

Les règles au Qatar

Dans de nombreux pays européens, le football est le sport national numéro un et donc un sujet chargé d'émotion pour beaucoup de gens. Lors de la Coupe du monde, en particulier, la nation tout entière soutient généralement son équipe, l'encourageant et célébrant les joueurs comme des héros. Cependant, lors de la Coupe du monde controversée au Qatar, il y a beaucoup plus à dire que le sport.

L'émirat est accusé de diverses violations des droits de l'homme et fait l'objet de critiques de toutes parts.

Des travailleurs invités ont perdu la vie sur les chantiers de la Coupe du monde, et les chiffres varient de quelques-uns à des milliers. Cependant, personne au Qatar ne veut vraiment assumer la responsabilité de ces décès.

Pour se rendre compte par elle-même de la situation sur le terrain, la ministre allemande de l'intérieur, Nancy Faeser, s'est rendue au Qatar. Après sa visite, elle a tiré une conclusion positive.

Le Premier ministre qatari lui avait donné une garantie de sécurité pour tous les visiteurs de la Coupe du monde, y compris les homosexuels. Néanmoins, il est important pour les fans de football de respecter certaines règles dans l'émirat.

Nous vous indiquons les règles les plus importantes à connaître concernant la consommation d'alcool, le code vestimentaire, la sexualité et le comportement général en public.

Peut-on boire de l'alcool au Qatar ?
La Fifa a négocié avec les organisateurs qataris où et par qui l'alcool peut être consommé à titre exceptionnel pendant la Coupe du monde. Normalement, l'alcool est absolument tabou dans tout le pays, mais le Qatar a fondé son interdiction sur le Coran.

Les boissons alcoolisées ne seront pas servies dans les stades eux-mêmes. En revanche, il sera possible d'acheter et de consommer de l'alcool dans certaines zones extérieures du stade avant et après les matchs. En outre, il y aura un " fan mile " où des boissons alcoolisées seront vendues à partir de 18 h 30, a-t-il précisé.

Certains bars ou restaurants auront également la possibilité de vendre de l'alcool aux personnes pouvant prouver qu'elles ont plus de 21 ans. Pour satisfaire les amateurs, des bateaux de croisière sont ancrés dans le port de Doha, et des boissons alcoolisées peuvent également être servies à leur bord.

Toutefois, malgré ces exceptions, il est important pour tous les visiteurs de respecter la culture locale, ont indiqué les organisateurs. Ceux qui sont trop ivres doivent s'attendre à être conduits dans certaines zones pour dessoûler. L'urination en public est passible d'amendes, ont-ils ajouté, et la consommation ou le trafic de drogue sont passibles de peines beaucoup plus sévères.

Quel est le code vestimentaire au Qatar ?
Pendant la Coupe du monde, le Qatar connaîtra des températures estivales d'environ 25 degrés Celsius et plus. Cependant, les vêtements d'été ne seront pas à l'ordre du jour pour les fans sur place, l'hôte l'a fait savoir relativement tôt. Les vêtements doivent couvrir le corps au moins des épaules aux genoux, et les décolletés profonds ne sont pas non plus souhaités.

Le maillot de bain, le bikini ou même le topless ne sont autorisés que dans les piscines ou sur les plages où cela est explicitement mentionné.

Les baisers sont-ils autorisés en public au Qatar ?
En bref, tout ce qui dépasse le fait de se tenir la main n'est pas le bienvenu en public. Le portail de voyage "qatar-travel" le souligne. Cela inclut les baisers, mais aussi les étreintes. Ceux qui s'y opposent doivent s'attendre à être punis.

Le fait que la prostitution soit également interdite et sévèrement punie n'est plus surprenant.

Quelles sont les règles applicables aux homosexuels au Qatar ?

L'homosexualité est illégale au Qatar. Selon le ministère allemand des Affaires étrangères, les voyageurs LGBTQI+ doivent savoir que dans l'État islamique, "les actes homosexuels et les rapports sexuels non maritaux sont interdits et punissables par le droit pénal."

Ainsi, même si le ministre fédéral de l'intérieur a obtenu une garantie de sécurité pour tous les supporters de la Coupe du monde de football, chacun doit être conscient que le fait de manifester en public une affection entre personnes du même sexe peut entraîner des sanctions beaucoup plus sévères que pour les personnes hétérosexuelles. Les actes homosexuels peuvent être punis d'une peine allant jusqu'à sept ans de prison et, théoriquement, la peine de mort est également possible en vertu de la charia, mais il n'existe aucun cas connu dans lequel elle a été appliquée.

Après les déclarations homophobes de Salman, l'ambassadeur du Qatar pour la Coupe du monde, l'association des lesbiennes et des gays (LSVD), entre autres, a exprimé son inquiétude quant à la sécurité des personnes LGBTQI+. Un avertissement de voyage demandé pour le groupe de personnes en question a néanmoins été rejeté par le ministère allemand des affaires étrangères.

Les couples homosexuels qui souhaitent réserver une chambre d'hôtel ensemble doivent donc s'attendre à être rejetés. Les meilleures chances d'obtenir une chambre au Qatar pour les couples homosexuels sont auprès des chaînes hôtelières internationales. La plateforme de réservation "misterb&b" répertorie les hébergements LGBTQI+-friendly dans le monde entier, et les voyageurs peuvent également trouver des hôtels pour le Qatar par son intermédiaire.

Les déclarations ou critiques politiques sont-elles autorisées au Qatar ?
Le fait que les critiques à l'égard du Qatar ne sont pas les bienvenues dans l'émirat est devenu relativement clair ces dernières semaines. Encore et encore, les organisateurs de la Coupe du monde ainsi que les politiciens du pays se sont plaints de la façon dont les autres pays allaient les juger. C'est pourquoi les fans de football locaux devraient s'abstenir de toute déclaration ou critique politique.

www.ingramcontent.com/pod-product-compliance
Lightning Source LLC
Chambersburg PA
CBHW061300140726
47998CB00006B/2299